CONSIDÉRATIONS

SUR

LE PRINCIPE ET LES AVANTAGES

DE LA LÉGITIMITÉ.

CONSIDÉRATIONS

SUR

LE PRINCIPE ET LES AVANTAGES

DE LA LÉGITIMITÉ.

Non est potestas nisi à Deo.
Ep. ad Rom., XIII. 1.

PAR M. J.-N. MONCHOUX,

MEMBRE DE L'UNIVERSITÉ.

PARIS,

Ad. ÉGRON, Imprimeur-Libraire, rue des Noyers, n° 37;
N. PICHARD, Libraire, quai Conti, n° 5.

JUIN 1824.

CONSIDÉRATIONS

SUR

LE PRINCIPE ET LES AVANTAGES

DE LA LÉGITIMITÉ.

Le Dieu, dont la sagesse s'est jouée dans la formation de l'univers, dont la providence n'est pas moins ingénieuse qu'attentive à le conserver, dont le bras puissant le soutient inébranlable au milieu du vide immense des airs, est aussi celui qui a posé les fondements de toute société humaine. Dominateur universel, c'est lui qui, du haut de son trône immuable, tient les rênes de tous les empires, et qui laisse agir ou suspend, avec une souveraine indépendance, les causes qui en préparent la prospérité ou la ruine. Législateur suprême, c'est lui qui a fondé ces lois éternelles d'ordre, de justice et de vérité contre lesquelles

le temps ne sauroit prescrire, ni l'erreur préva-
loir, et que les États ne peuvent méconnoître ou
violer sans tomber aussitôt dans la dissolution et
dans la mort. Auteur de tous les êtres, père com-
mun de tous les hommes, c'est lui qui leur dis-
pense, au gré de son infaillible volonté, les épreu-
ves, les emplois et les travaux ; qui, dans ses vues
secrètes, toujours sages, toujours justes, impose
aux uns la charge de commander, aux autres le
devoir d'obéir, pour exiger plus tard de ceux-ci
le compte terrible de leur obéissance, de ceux-là
le compte encore plus terrible de leur autorité.

Comme c'est ici-bas que doivent s'accomplir les
destinées des sociétés, il communique sa puissance
à des hommes qu'il marque d'un sceau particulier,
qu'il honore d'un titre auguste et sacré, dont il
fait son image et la majesté de la terre. Et, pour
montrer qu'à lui seul appartient en propre la sou-
veraineté, que les rois n'en sont revêtus que
comme par emprunt et selon la mesure qu'il lui
plaît de leur départir, mais aussi que c'est de lui
seul qu'ils la tiennent, il institue des familles que,
dans la profondeur de ses conseils impénétrables,
il choisit lui-même entre toutes les autres, des
quelles il fait sortir de bons ou de mauvais prin-

ces, suivant ses desseins de miséricorde ou de justice sur les hommes, et dont la perpétuité, par une succession légitime, devient pour les sociétés le plus sûr garant de leur durée, pour les peuples le plus précieux de tous les avantages, le gage le plus certain de leur repos et de leur bonheur, le plus puissant préservatif contre les maux de l'anarchie, et les terribles effets des révolutions.

Quelle profonde sagesse ! quelle économie parfaite dans cette belle ordonnance de la société ! Les rois, redevables de leur pouvoir suprême, non au succès contestable d'une élection turbulente et factieuse; non à la faveur passagère d'une multitude souvent égarée, toujours inconstante, mais à l'institution divine, ne relèvent que de Dieu seul. Ministres immédiats de sa justice et de sa bonté, ils sont armés du glaive et dépositaires du trésor des grâces, parce qu'ils sont dès ce monde chargés de réprimer et de punir le crime, d'honorer et de récompenser la vertu. Obligés à leur tour de se faire représenter, ils délèguent leurs fonctions et leurs droits qui ne peuvent toutefois s'exercer qu'en leur nom, et constituent ainsi au-dessous du trône cette hiérarchie de pouvoirs légalement combinés : admirable chaîne qui descend du monarque au sujet, qui remonte du sujet au monarque, qui unit entre elles les diverses parties du corps social, et en maintient l'harmonie par une réciprocité respective de dépendance et de devoirs. Tous les ordres secondaires, toutes les notabilités du rang, du mérite et de la fortune se groupent et s'élèvent sur les degrés intermédiaires. Mais il n'est permis d'aspirer à monter jusqu'au faîte qu'à celui-là seul qu'y appellent les droits de sa naissance et d'une succession légitime. Ce dogme tutélaire de la légitimité ferme tout accès à l'intrigue et à l'ambition, met l'Etat à l'abri des entreprises de l'usurpation, des déchirements de l'anarchie, des horreurs des discordes civiles. La société ne forme plus qu'une seule et grande famille dont le monarque est le père duquel tout émane, vers lequel se reportent naturellement les respects et l'amour de ses enfants. Le roi meurt, mais la royauté ne meurt pas; toujours vivante dans une transmission héréditaire et non interrompue, elle rend ainsi l'amour de l'autorité légitime immortel comme l'autorité elle-même.

Malheur au peuple assez coupable pour mériter de perdre; assez aveugle pour tenter de se ravir à lui-même les avantages inappréciables de la légitimité !

Rapprochez, en effet, de cette grande et sublime théorie, de ces beaux et salutaires principes, rapprochez ces froides et pernicieuses doctrines d'athéisme et d'indépendance qui sapent par la base tous les droits et tous les devoirs, autorisent la révolte et l'insurrection, vont porter le trouble, le désordre et la ruine où régnoient auparavant l'abandon de la confiance, le doux charme de l'union, le calme heureux de la paix ; mettez le fait à la place du droit : quel contraste frappant ! quel affreux mécompte ! Et si vous pouvez à peine énumérer tous les biens qui, comme d'une source intarissable, découlent du principe de la légitimité, l'ordre et l'harmonie entre tous les éléments de la société, la fixité dans les mœurs et les institutions, des notions positives sur la nature et la sanction de l'autorité, une douce et longue habitude de fidélité, la paix, la justice, une profonde et constante sécurité, voyez s'il vous sera plus facile de calculer aussi tous les maux qui sont les suites inévitables du principe contraire, l'anarchie, la licence, les guerres extérieures ou intestines, l'ambition cruelle des rivaux, les fureurs des partis, les vengeances, les réactions, que sais-je ? toutes les calamités ensemble. Dire que le fait peut suppléer au droit, c'est consacrer toutes les usurpations, c'est livrer l'Etat aux chances terribles de tous les bouleversements, c'est faire de la société une arène toujours ouverte, où les partis sans cesse en présence se disputent le pouvoir au prix de la tranquillité générale. Dès-lors plus de règle certaine dans l'origine et les principes du pouvoir et de l'obéissance ; plus d'autre arbitre du sort des nations, de l'existence des sociétés, que l'aveugle Fortune fièrement assise sur le trône du monde. Le devoir, variable au gré des circonstances, n'est plus que la soumission à la dure loi de la nécessité ; la fidélité, qu'un titre à la persécution, ou un mot vide de sens. D'adroits ambitieux, d'hypocrites flatteurs du peuple, le séduisent par les mots magiques de liberté et d'égalité, pour le mieux opprimer ; affichent un faux dévouement à ses intérêts, pour mieux exploiter à leur profit les honneurs et la richesse publique ; abusent contre lui de sa propre crédulité, pour le plier plus aisément à leurs vues apparentes de réformation : mais à peine l'ont-ils imprudemment lancé dans la carrière des révolutions, qu'impuissants à contenir ou à diriger l'effervescence des passions populaires, ils sont eux-mêmes emportés par le torrent. Plus de digue, plus de frein. Livré à tous les désordres de l'anarchie, l'Etat devient bientôt le théâtre des plus monstrueux excès, des crimes les plus révoltants ; et trop heureux encore de pouvoir entre deux maux s'en tenir au moindre, ne respire enfin, de tant d'orages et de commotions politiques, que quand le despotisme, comme une conséquence nécessaire, vient imposer l'obéissance par la force, asservir la parole, la pensée même à son ombrageuse tyrannie, et courber ses esclaves sous un joug de fer.

Tel est le sort réservé au peuple qui, se laissant imposer par la fausse image qu'on lui présente de la liberté, se lasse de celle dont il jouissoit sous la protection de l'autorité légitime des lois, qui est la véritable, pour s'égarer sur les pas d'un fantôme qui le conduit, à travers la licence et le désordre, au plus dur esclavage ; et s'il reste à ce peuple un moyen de salut, ce ne sera que dans le dogme de la légitimité, que dans le retour aux principes de justice et de vérité, conditions premières de tout ordre social. Tel est l'exemple de la France.

La vieille monarchie de Clovis, dont on ne

trouve le berceau qu'en remontant jusqu'à l'époque la plus reculée du moyen âge, cimentée d'abord par la valeur guerrière, s'étoit accrue et développée rapidement sous les auspices du christianisme, dont la bénigne influence modifioit les mœurs en les épurant et perfectionnoit ses lois. Toujours plus forte et plus majestueuse à mesure qu'elle s'avançoit dans la succession des temps, elle grandissoit avec la gloire et la puissance de ses rois, et, dans son admirable perpétuité, ne comptoit plus les années de sa durée que par des siècles. L'autel et le trône, en s'appuyant mutuellement l'un sur l'autre, trouvoient leur force dans leur union, et ne formoient plus qu'un tout inséparable pour lequel un peuple de chrétiens et de sujets fidèles se plaisoit à confondre sa vénération et son amour. La religion, sagement placée à la tête des institutions et des lois, en leur imprimant le sceau de sa perfection et de son immortalité, en perpétuoit pour les peuples l'utilité et les bienfaits. L'amour pour le souverain, jugé si naturel et rendu si facile, avoit cessé, en quelque sorte, d'être un devoir, pour n'être que le plus doux sentiment : le Français aimoit son roi, comme un fils aime son père. La France, heureuse et tranquille sous le sceptre paternel de ses maî-

tres légitimes, étoit devenue la première des nations, le modèle de la délicatesse morale, de
l'urbanité et de la civilisation. La plus grande fidélité aux devoirs religieux s'unissoit à la plus
grande pureté dans les principes du goût ; et cet
heureux accord de la piété et du génie, cette
sublime alliance du talent et de la vertu, avoient
produit cette époque brillante où apparoissoient
tant de grands hommes en tout genre, se dispu-
tant la prééminence et la perfection dans les
lettres, les sciences et les arts; se pressant à l'envi
autour du trône pour y reporter la gloire qui, de
ce centre auguste, rejaillit sur eux, et du milieu
de ce magnifique cortége, Louis-le-Grand élevant
son noble front couronné d'ans et de lauriers, et
dominant lui seul toutes les grandeurs de ce siècle
immortel.

Mais une secrète agitation fermente au fond des
cœurs ; déjà se font entendre des bruits sourds
précurseurs de l'orage. L'arbre qui donne la mort,
transplanté sur un sol jadis si riant et si fertile, y
portera ses fruits. L'unité religieuse a été rompue.
L'autorité divine, la première de toutes les légi-
timités, a été méconnue. La révolte et l'anarchie
passeront bientôt de la foi dans l'Etat.

Déjà je vois de fougueux philosophes, indignes de ce nom qu'ils flétrissent et déshonorent, décréditer, pour les détruire, ces croyances salutaires, qui sont le plus solide fondement des Etats, et la plus sûre règle des mœurs, contester à la Divinité ses attributs infinis, à l'homme ses hautes prérogatives et son immortelle destinée; ravir au crime repentant la ressource du pardon, à la vertu malheureuse, la perspective d'un avenir réparateur. Dans l'enflure de leur orgueil, ils s'attribuent la mission de réformer le monde, de le désabuser de ses vieilles erreurs, d'ouvrir à la nature humaine une voie jusque-là inconnue vers un perfectionnement indéfini. Ils s'épuisent en théories, ne rêvent qu'innovations, le tout, disent-ils, pour améliorer des institutions imparfaites, pour remplacer de vieux ressorts qui s'usent, pour substituer un nouvel et brillant édifice à une monarchie qui chancelle sous le poids des siècles. Depuis trop long-temps les hommes marchent en aveugles, ils sont chargés de les éclairer. Heureusement le monde physique est hors de leurs atteintes : eh bien, c'est sur le monde moral et politique qu'ils feront l'essai de leurs désolants systèmes. Le droit incommunicable et divin d'instituer les rois, c'est au peuple qu'ils l'attribuent libéralement; ou plutôt ils osent ne faire voir dans la royauté qu'un crime de lèse-souveraineté populaire, dans les meilleurs princes que des tyrans odieux, et en les peignant sous les plus noires couleurs, ils prennent à tâche de les dépouiller aux yeux de la multitude de cette auréole de majesté qui commande le respect. Ils veulent désorganiser à la fois l'État et la famille, et n'épargnent pas plus la société domestique que la société politique. Ils vont jusqu'à méconnoître les droits du sang, jusqu'à briser tous les liens qui unissent les pères à leurs enfants, jusqu'à dégager ceux-ci de tout devoir envers les auteurs de leurs jours. Ils ne voient partout qu'esclavage et tyrannie; et, s'ils accordent qu'un peuple fait bien de se soumettre à l'autorité établie, c'est pour conclure de cette concession perfide qu'il fait mieux encore de la secouer. Tandis qu'en ébranlant ainsi l'ancienne fixité dans les principes de l'obéissance, ils sèment partout la défiance et le mécontentement, leur plume cynique prodigue à la religion et à la pudeur, à tout ce qui est sacré, l'insulte et l'outrage. Et tous ces écrits téméraires et licencieux, où brille l'esprit aux dépens du cœur, et dont l'astucieuse adresse déguise mal l'intention perfide, trop fidèlement répétés par une foule d'échos subalternes, viennent troubler la conscience de l'homme dans les objets de ses premières affec-tions, de ses premiers respects. Les passions s'affranchissent tous les jours davantage du joug incommode de la bienséance; et merveilleusement secondée par le dérèglement effréné des mœurs dans la guerre qu'elle déclare à toute autorité légitime, cette philosophie anti-sociale, d'abord timide, devenue tout-à-coup plus fière et comme assurée du succès, lève enfin le masque, et, d'un air triomphant, prêche ouvertement l'athéisme, la sédition, la haine de Dieu et des rois.

O France! ô ma patrie! terre natale de l'honneur et de la fidélité, serais-tu donc destinée à être donnée en spectacle à l'univers pour attester à tous les siècles ce qu'il en coûte à détruire ces principes conservateurs des droits des souverains et de la vraie liberté des peuples? Autel saint où crie encore miséricorde le sang expiatoire de la victime sans tache! trône antique sur lequel siége un Roi bienfaisant, l'héritier de St. Louis, le petit-fils de Henri IV, le légitime successeur du grand Roi! Hélas! quelle main ferme et puissante vous soutiendra sur le penchant de l'affreux abîme qui menace de vous engloutir dans une ruine commune ? Mais il est trop tard ; la foiblesse du pouvoir, qui l'a rendu complice des plus coupables attentats, l'en fera devenir la victime. Trop long-temps les lois sont restées muettes ; vainement voudroient-elles essayer d'arrêter le torrent, elles ne lui opposeroient qu'une barrière impuissante. L'arrêt est prononcé dans les conseils d'en haut. La France prouvera par son exemple que la courte politique humaine n'a, pour fonder l'ordre public, rien à mettre à la place des principes posés par la sagesse éternelle, et qu'elle ne peut s'en écarter ou les détruire sans compromettre à la fois le salut des trônes et le repos des peuples. Le Dieu qu'on n'outrage pas en vain se retire. Il suffit qu'il se dérobe un instant à la terre pour la punir. L'homme, livré à ses propres excès, au délire de ses passions, ne vengera que trop contre lui-même et contre la société les intérêts de la majesté divine offensée.

Bientôt se développent avec une effrayante rapidité, au sein d'un Etat jadis si florissant, les germes de destruction que, pour son malheur, y ont déposés tant de funestes doctrines. La voilà qui apparoît escortée de tous les maux qu'elle traîne à sa suite, cette époque d'une fureur sacrilége, d'une atrocité légale, d'une extravagance inouïe; cette révolution dont l'histoire, pour paroître incroyable, n'aura besoin que d'être véridique, et qui, tracée en caractères de sang, portera encore l'effroi dans la dernière postérité : la voilà, cette prétendue régénération prônée avec tant d'emphase par une mensongère philosophie, cette égalité fantastique, qui, après avoir fait tant de dupes, ne fera pas moins de victimes. C'est l'idole inexorable à laquelle tout sera cruellement sacrifié, la dignité, le rang, le mérite, l'innocence, la vertu. L'orgueilleuse raison s'est déclarée souveraine; c'est elle qui va régner au nom des droits de l'homme. La religion, cette divine médiatrice entre le ciel et la terre, est indignement avilie, proscrite, persécutée; et le Roi légititime, l'oint du Seigneur.... O crime! ô forfait! Arrêtez, malheureux. Hélas! après avoir attaqué le ciel par leurs blasphêmes, profané le sanctuaire par l'abomination, après avoir renversé Dieu même de ses autels, respecteront-ils son image?

Enfin l'anarchie triomphe sur les ruines de l'autel et du trône, elle proclame cette république éphémère où le civisme remplace toutes les vertus religieuses et morales, où tout est perverti, les mots et les choses ; où la liberté n'est que la licence, la fraternité qu'un vil égoïsme, le faux amour de la patrie, qu'un prétexte pour déchirer plus à loisir le sein de cette commune mère.

La monarchie exilée rassemble sous le drapeau sans tache sa milice fidèle, et conserve, sur une terre hospitalière, l'antique honneur et ses droits imprescriptibles. En l'absence du maître légitime, l'héritage des Bourbons, en proie à mille factions opposées qui, tour à tour, triomphent et s'écrasent, puis se relèvent pour s'écraser encore, subit le joug et la honte de toutes les tyrannies, de toutes les constitutions au gré des novateurs régicides.

Cependant de courageuses provinces avoient déployé le vieil étendard de la fidélité. Pour mettre un terme aux maux affreux qui déchiroient la patrie, il n'eût fallu que rappeler cette royale famille, dépositaire des titres et des traditions de l'antique monarchie, et qui, seule, pouvoit renouer la chaîne de la succession légitime. Mais la France avoit un grand crime à expier ; le sang de son roi étoit retombé sur elle. Dieu, en investissant du pouvoir souverain les princes qu'il institue pour régir et gouverner les nations, les menace de leur en demander un compte rigou-reux, qui fait douter avec raison si l'élévation de leur rang leur procure plus de jouissances, que le fardeau de leur couronne ne leur impose de soins et de peines, et si leur grandeur est plus digne d'envie que leur responsabilité n'est à craindre. Mais il veut qu'ils soient environnés de respect et d'amour, que leur personne soit inviolable et sa-crée; et si le rayon de sa majesté suprême qu'il fait briller autour de leur tête ne peut intimider la révolte, si elle ose méconnoître le sceau de la lé-gitimité qu'il a gravé lui-même de son doigt divin sur leur front auguste, alors il intéresse sa propre gloire à leur cause, et par d'éclatantes et terribles leçons il fait sentir aux peuples que, s'il est le maître, il est aussi le vengeur des Rois, et que, s'il se réserve le droit de juger ceux qu'il établit les juges de la terre, ce droit ne peut appartenir qu'à lui seul.

La France sera donc châtiée, mais par une main étrangère; un père n'est pas propre à punir ses enfans : quelque coupables qu'ils soient, la nature parle toujours plus haut que l'offense.

Un homme est tiré des trésors de la colère divine , un de ces hommes qu'elle y tient en réserve pour être les ministres de sa vengeance envers les peuples rebelles. Il envahit le trône de ses maîtres , et, pour se faire pardonner son audace , déguise ses projets ambitieux sous le masque d'intentions généreuses , couvre son usurpation du manteau de la gloire. Il séduit et entraîne ; mais bientôt un crime le trahit et le fait reconnoître. Egalement prodigue de la substance et de la vie des hommes , il épuise et disperse d'immenses trésors, coupe et moissonne les générations comme l'herbe des champs, fait tout plier sous le poids d'une servitude qui , pour être brillante de gloire militaire , n'en est pas moins amère par les larmes qu'elle coûte et le sang qu'elle fait répandre.

Enfin, l'instrument de colère est brisé , ou plutôt se brise lui-même. Pour opérer cette grande justice , la Providence n'a besoin que de laisser agir les causes naturelles. Tout ce qui est inique ne sauroit être durable. La force peut bien opprimer , mais elle ne sauroit jamais constituer un droit : elle peut se soutenir pour un temps , mais elle porte en elle-même le principe de sa propre destruction, et, tôt ou tard, la vérité triomphe, la vérité qui est l'éternelle raison des choses, et en qui seule réside la vie morale de l'homme et des sociétés.

La légitimité nous est rendue et tous les biens avec elle. Le fils de saint Louis revient prendre sa place au trône de ses pères. Il vient cicatriser toutes les plaies, guérir tous les maux, combler tous les vœux, rassurer tous les intérêts, réaliser pour notre bonheur les généreuses pensées que sur la terre d'exil lui dictoit la touchante inspiration du malheur; il vient nous conserver notre gloire, notre rang, notre existence.

Qui sait en effet ce que seroit devenue notre belle France sans la médiation toute puissante de la légitimité ? Qui sait si elle n'eût pas peut-être trop expié ses victoires et ses triomphes passés, sans l'intervention de l'auguste héritier de nos rois, qui, se plaçant, l'olivier de la paix à la main, entre nous et l'Europe conjurée, fit tomber les armes qui alloient la venger de notre gloire ? ou si le vaisseau de l'Etat, battu avec tant de violence par les vents contraires de tous les partis, n'eût pas fini par s'abîmer entièrement sous les flots, sans la prudente habileté du royal pilote seul capable de le conduire et de le fixer dans le port de la véritable liberté politique ?

Aussi la légitimité reprend-elle en un moment tous ses droits sur des cœurs plus égarés qu'infidèles ; la France, long-temps comprimée, donne un essor nouveau à son antique amour pour ses rois, et répond à la générosité du monarque par des accens unanimes de reconnoissance. Elle voit avec transports se lever pour elle l'aurore d'un heureux avenir ; et salue dans son inexpimable ivresse la race auguste qui, par de nobles représailles, les seules qui soient connues des Bourbons, lui apporte en échange de ses royales douleurs, la clémence, la liberté, la paix et le bonheur.

Cependant de nouvelles alarmes viennent troubler la joie de cette première restauration et en retarder les bienfaits. Irrité par l'image de la félicité publique, l'aigle altier s'élance du fond de sa retraite. Le trône à peine relevé s'ébranle de nouveau sous les derniers efforts de la tyrannie expirante. Mais le colosse est enfin terrassé et jeté sur les vastes mers. Louis-le-Désiré reparoît aussitôt au milieu de ses sujets orphelins, avides de le revoir, de cette France sur laquelle il n'a pas cessé de régner par droit de naissance et d'amour ; et qui, mieux instruite encore par le nouveau péril auquel elle vient d'échapper, reconnoît, par sa propre expérience, qu'elle ne peut espérer la fin de ses longs malheurs, sortir de cette crise qui lui a été si fatale, reprendre ses mœurs, ses vertus, son caractère, sa tranquillité, que sous l'égide et le sceptre de son Roi légitime. Comme cet enfant prodigue qui, pour s'être lassé des douceurs de la maison paternelle et avoir voulu goûter les fruits de l'indépendance, réduit bientôt à la misère et à la honte, n'a retrouvé sa liberté, son honneur et sa dignité que dans les bras de son père.

Déjà nous commencions à jouir de tous les avantages de la restauration. La religion changeant en habits de fête ses vêtemens de deuil contemploit avec joie son fils aîné rétabli sur le trône et dans les droits de ses ancêtres. La piété renaissoit : nos institutions et nos lois se reformoient. De nobles récompenses inspirant l'encouragement et l'émulation à l'industrie et aux lettres faisoient refleurir le commerce et les arts de la paix. Il est vrai, hélas ! qu'un horrible attentat avoit fait tressaillir un instant la révolution du cruel espoir d'a-

voir anéanti la légitimité ; qu'un monstre osant dire
que Dieu n'est qu'un mot, comme s'il suffisoit de
le nier, pour qu'il cessât d'être, en portant une
main parricide et sacrilége sur le fils des rois,
avoit cru frapper dans sa racine toute leur postérité. Mais les lis, courbés par l'orage, s'étoient
aussitôt relevés, et la naissance miraculeuse d'un
nouveau Joas offroit à la France consolée le gage
heureux de l'hérédité légitime, dans l'auguste famille des Bourbons. Nous goûtions les prémices
du bonheur, et riches déjà de la possession des
biens que nous procuroit le présent, nous l'étions
encore de l'espérance de tous ceux que nous fai-
soit entrevoir dans l'avenir l'amour éprouvé et
les talens supérieurs des hommes d'État appelés
à seconder les grandes vues et la haute sagesse du
monarque.

Tandis que nous endormions la défiance au
sein de la sécurité, le génie des révolutions vaincu,
mais non découragé, méditoit dans l'ombre de
nouveaux désastres. Aigri du peu de succès de
ses criminelles tentatives contre deux royaumes
voisins, il promène, dans son vol affreux, ses re-
gards avides de sang sur l'Europe, vient s'abattre
dans la péninsule, et, de cet antique domaine de

la foi, il fait un foyer de révolte, d'insurrection et d'anarchie, d'où il menace de nouveau notre France, qu'il semble n'avoir pas désespéré de ressaisir encore.

Tous les trônes sont solidaires contre un implacable ennemi qui ne peut en renverser un seul, sans ébranler à la fois tous les autres. Il étoit digne d'un Roi légitime, du chef vénérable des Bourbons, de venger les droits de la légitimité captive, et de tendre une main secourable à un membre de sa famille buvant à son tour dans la coupe amère de l'infortune. L'auguste monarque a parlé : à sa voix l'enseigne de l'honneur, le drapeau blanc, a réuni l'armée. Un noble prince qu'il se plaît à surnommer son fils, commande cette nouvelle croisade, où se confondent et s'allient dans une union désormais indissoluble, la vieille et la jeune fidélité, l'ancienne et la nouvelle gloire. La guerre n'est plus cette fois le jeu cruel de l'ambition, ni le prétexte des conquêtes. C'est la protection du malheur et la défense du droit ; c'est le noble champ de la justice, de l'humanité et de la modération. La Victoire, sous les traits augustes d'un fils de France, d'une main perce le monstre révolutionnaire, et de l'autre ferme l'abîme où il demeure enseveli. Nos Bourbons avoient été les premières victimes de sa fureur ; sa joie barbare étoit de proscrire et d'éteindre partout cette royale famille : et c'est un Bourbon que la Providence arme du glaive qui, en portant le dernier coup à cette hydre renaissante, vengé les Rois et les peuples.

Le héros libérateur a rempli sa mission ; il a rendu au trône un Roi légitime, un père à ses enfants. De crainte d'affoiblir en la partageant, la joie qu'ils se promettent de revoir leur monarque libre et triomphant, il part, et s'enveloppe de sa modestie pour se dérober aux bénédictions et aux hommages de reconnoissance qui l'attendent partout sur son passage. Chez les Bourbons, la vertu est le relief de la gloire.

La France avoit donné au monde un funeste exemple ; elle le répare par une grande et salutaire leçon, et recueille pour sa prospérité propre et sa paix intérieure, les fruits abondants de sa généreuse intervention. Elle voit se consolider sur ses bases raffermies, l'édifice de la restauration. Les prérogatives de la couronne et les libertés publiques conciliées dans une admirable harmonie par la sagesse du Souverain, resserrent les nœuds de leur première alliance. Le mur de séparation est détruit : une foule d'hommes, jusqu'ici rebelles à l'ascendant de la vertu, que le préjugé, l'amour-propre, ou de vieux souvenirs retenoient éloignés, se rattachent avec empressement à la cause royale, à la sainte cause de la légitimité.

Que, s'il en est encore dont l'incorrigible obstination résiste également à la miséricorde divine qu'ils bravent et à la clémence royale qu'ils dédaignent, qui s'affligent du bonheur d'un pays qu'ils regrettent de ne pouvoir plus troubler par les révolutions ou flétrir par la tyrannie ; eh bien, qu'ils restent seuls, contre le vœu de tous les peuples, contre le témoignage de tous les siècles, contre le cri de l'expérience, forts de leur ridicule et de leur philosophie, riches de leurs crimes et de leurs remords.

Pour nous, serrons-nous toujours davantage autour de ce trône miraculeusement rétabli ; vivons en paix à l'ombre de cette douce et tutélaire autorité. Faisons-lui le sacrifice de toutes nos divisions : revenons à cette unité de principes et de sentiments qui est le ressort le plus actif de la prospérité des Etats et le grand secret de leur durée. Changeons en roses les épines de la couronne ; que le père de son peuple puisse sourire à l'image de la félicité publique, en y reconnoissant son ouvrage. Donnons à son cœur royal la seule satisfaction qu'il ambitionne, donnons-lui par notre union le spectacle de notre bonheur ; et que le plus heureux accord ralliant tous les partis sous la bannière sans tache, réconciliant tous les esprits dans le dévouement et la fidélité au trône héréditaire, confondant tous les cœurs dans l'amour du Roi légitime, recommence pour l'auguste race et la monarchie de saint Louis, de nouveaux siècles, une ère nouvelle de prospérité, de grandeur et de gloire.

Père des Bourbons ! grand Roi ! qui avez eu le bonheur d'échanger une couronne périssable contre un diadème éternel, et de mériter que la religion décernât à votre nom et à vos vertus un culte et des hommages , abaissez du haut des cieux un regard d'intérêt et de protection sur la France, votre antique patrimoine, sur le monarque légitime héritier de votre sceptre , sur toute sa royale famille. Que votre prière puissante fléchisse la justice divine, afin que, propice à nos vœux, le Dieu qui a signalé pour nous sa bonté par tant de prodiges, daigne achever ce que son bras a commencé.

Et vous, prince si regrettable et toujours si regretté, du sein de l'immortelle félicité que vous ont sans doute acquise les vertus qui ont fait de vous un héros chrétien, souvenez-vous d'une tendre épouse, de ces nœuds si doux, hélas! et si cruellement brisés! Protégez l'enfant précieux, fruit béni d'une union enviée à notre amour, l'unique espoir d'une race chérie! Veillez sur votre auguste fils, qui, tandis que vous régnez déjà dans le ciel, vous fait revivre sur la terre. Et que le prix de votre douloureux sacrifice soit la conservation de ce miraculeux rejeton des lis, qui, devenu à son tour une tige florissante et féconde, éternise, dans notre antique monarchie, pour la gloire, le repos et le bonheur de notre belle France, par l'auguste dynastie des Bourbons, le bienfait immense de la légitimité!

PARIS. A. ÉGRON, IMPRIMEUR-LIBRAIRE,

RUE DES NOYERS, N°. 37.